ÉLECTIONS

1846

RÉFLEXIONS

D'UN ÉLECTEUR

AU SUJET DES ÉLECTIONS DE 1846

Par M. L. C.

Avocat, propriétaire, électeur du 10e arrondissement.

PARIS

IMPRIMERIE D'E. DUVERGER,

RUE DE VERNEUIL, Nº 4.

1846

RÉFLEXIONS

D'UN ÉLECTEUR

AU SUJET DES ÉLECTIONS DE 1846.

Le Moniteur d'aujourd'hui contient l'ordonnance royale qui dissout la Chambre et convoque les colléges électoraux pour le 1er août prochain.

Avant de procéder aux élections, nous devons chercher à nous rendre compte de la situation politique de notre pays. C'est de cet examen que dépendent nos votes; il importe donc d'étudier les faits qui se sont passés depuis quelques années afin d'arriver à une connaissance exacte des causes qui ont pu hâter ou retarder le développement de la prospérité nationale.

L'histoire de notre gouvernement, depuis 1830, peut se diviser en deux époques; la première embrassant un espace de dix années pendant lesquelles on a vu se succéder 17 ministères, sans pouvoir arriver à l'ordre et à la stabilité; la seconde comprenant ces six années de calme et de prospérité dont nous a fait jouir la sagesse du gouvernement.

Sans doute si l'on veut écouter l'opposition, on sera persuadé que cette prospérité n'a rien de réel, et que dans tous les cas, ce n'est point au gouvernement qu'on doit l'attribuer. Mais ce n'est point d'aujourd'hui que l'opposition tient ce langage; il y a quinze ans qu'elle nous y a accoutumés, et d'ailleurs elle n'en saurait tenir un autre. N'est-il pas dans sa nature de n'être jamais satisfaite? comme si elle possédait seule l'art de gouverner, comme si les lumières et le patriotisme ne se trouvaient que chez elle. Que deviendrait-elle, s'il lui fallait reconnaître chez d'autres les qualités dont elle s'attribue si complaisamment le monopole.

Toutefois, malgré le vide de ses doctrines qu'elle n'a jamais su appliquer, lorsque les circonstances l'ont amenée au pouvoir, l'opposition n'a pas laissé pendant longtemps de séduire un grand nombre d'esprits, ou d'effrayer par le bruit qu'elle faisait des citoyens timides qui se laissaient par faiblesse engager sous ses drapeaux. Après toutes les fautes où elle aurait engagé le gouvernement, si le gouvernement n'avait eu la fermeté de lui résister, il n'a fallu rien moins que le spectacle des événements qui se sont passés en 1840 pour détromper le pays et lui faire apprécier à leur juste valeur les attaques d'un parti dont la plupart des membres, il faut bien le dire, ne veulent changer ce qui est pour ne pas rester ce qu'ils sont.

En effet, pendant les dix premières années qui ont suivi la révolution de juillet, c'est-à-dire tant que l'opposition a eu quelque crédit, qu'avons nous vu ? des émeutes continuelles, un malaise commercial, résultant de l'agitation intérieure du pays et de l'incertitude de nos relations avec les puissances étrangères, toujours menacées et par conséquent toujours hostiles, comme si la France ne pouvait être heureuse qu'à la condition de fondre sur l'Europe les armes à la main, et de s'emparer de la dépouille de ses voisins.

Depuis six ans, au contraire, quelle a été la situation de notre pays? L'ordre et la sécurité ont fait place à cet état de trouble qui pendant si longtemps a arrêté l'élan de la prospérité nationale. Il y a six ans, à pareille époque, nous étions à la veille d'une guerre dont nous ne doutons pas que la France ne se fût tirée encore avec honneur, mais après des malheurs dont il n'était donné à personne de prévoir la durée.

Cette guerre, qui menacerait de se rallumer si l'opposition revenait au pouvoir, a été éloignée ; elle l'a été sans qu'il en coûtât rien à l'honneur national, quoi qu'en puissent dire les adversaires du gouvernement.

Nous avons repris notre place dans l'équilibre européen sans rien céder de nos justes droits, et le gouvernement a obtenu, par le seul effet de la modération alliée à la fermeté, ce qu'il nous aurait fallu disputer l'épée à la main et acheter au prix du sang de nos concitoyens.

Ces avantages, à qui les devons-nous ? A la majorité qui depuis six ans, sans se laisser ébranler par les clameurs de l'opposition, a prêté son concours au gouvernement. C'est donc parmi les candidats dévoués aux principes de cette majorité que nous devons choisir nos députés.

Ici se présente une question, et nous avons vu avec regret que les attaques de l'opposition, à ce sujet, ont jeté du doute dans l'esprit des électeurs.

Nous voulons parler de la question des fonctionnaires publics et de leur présence à la Chambre.

On prétend que la situation des fonctionnaires ne leur permet d'offrir aucune des garanties d'indépendance qu'on doit avant tout exiger d'un député ; que le besoin d'avancer ou la crainte de perdre leur position les place vis-à-vis du gouvernement dans un état de servilité qui permet à celui-ci de tout oser, sûr d'une majorité qui, en aucun cas, ne saurait lui résister.

Mais en admettant, ce que nous sommes loin d'avouer, que cet esprit de servilité existe, et que par la nécessité de leur position les fonctionnaires soient obligés de voter aveuglément pour le ministère, nous demanderons quel mal il en est résulté pendant ces dernières années. Car enfin si l'on reconnaît que les affaires du pays ont été bien conduites depuis six ans, et que grâce à l'esprit qui a dirigé les votes de la majorité, la France est arrivée à un degré de prospérité jusqu'alors inconnu, en quoi la présence des fonctionnaires qui siégent à la Chambre, et qui naturellement ont contribué à ce résultat, peut-elle être attaquée? En quoi ces attaques seraient-elles fondées, et sur quel motif raisonnable pourraient-elles reposer? Et si c'est un malheur de voir des fonctionnaires publics assis sur les bancs de la Chambre, comment se fait-il que l'opposition qui, il y a six ans, s'était engagée à les faire disparaître, n'en ait pas délivré le pays, alors qu'elle occupait le pouvoir, et que l'un des députés qui faisait à cette époque partie du ministère, était précisément celui qui avait provoqué leur exclusion par une proposition formelle à laquelle son nom est resté attaché?

C'est que l'opposition, qui, comme on l'a fort bien dit, ne s'était servie de cette proposition que comme d'une machine de guerre pour escalader le ministère, savait parfaitement combien la présence des fonctionnaires est utile, et pour ainsi dire indispensable à la Chambre. En effet, on ne peut leur contester cette expérience et ces lumières qui résultent de la pratique assidue des affaires et qui rendent leur concours si précieux dans les travaux qui précèdent la discussion, et dans la discussion même des projets de loi soumis à l'examen des Chambres.

On prétend que les fonctionnaires ne sauraient être indépendants, comme si l'indépendance ne consistait que dans une opposition systématique; comme si la seule manière de se montrer indépendant était de ne jamais vouloir ce que veut le gouvernement, et de s'opposer au contraire à toute mesure, si utile qu'elle soit, parce que c'est lui qui l'a proposée?

Malgré cette servilité qu'on reproche aux fonctionnaires, combien le ministère actuel n'a-t-il pas présenté de projets de loi qui ont été rejetés par la Chambre, et qui auraient été accueillis si les fonctionnaires n'eussent fait, comme on dit, que suivre les ordres des ministres, au lieu de voter suivant leur conscience et leurs lumières.

Ensuite n'y a-t-il que les fonctionnaires qui soient accessibles à la corruption, et ne peut-on se laisser corrompre que parce qu'on désire passer d'un grade à un grade plus élevé; que parce qu'on veut échanger le titre de maréchal de camp contre celui de lieutenant général, ou celui de juge à une Cour royale contre celui de conseiller à la Cour de cassation? N'y a-t-il pas mille considérations particulières, mille intérêts tenant à l'industrie privée, par les-quels des députés qui n'occupent point de fonctions publiques peuvent dépendre d'un ministère, et auquel ils pourront sacrifier tout aussi bien la liberté de leurs votes, que les fonctionnaires à l'espoir de leur avancement? Nous insistons sur ce point, uniquement pour prouver qu'il n'y a pas de députés qui, par leur position, soient plus nécessairement soumis aux influences de la corruption que d'autres, et que cette indépendance qu'on recherche et qu'on a raison d'exiger dans un représentant du pays, tient bien plus au caractère du candidat qu'on a élu qu'à la carrière qu'il a suivie et dans laquelle il se trouve engagé.

D'ailleurs, à quel titre excluerait-on les fonctionnaires? Ne serait-ce pas violer manifestement le principe qui appelle tous les citoyens à jouir des droits consacrés par la Charte, et ne pourra-t-on être jugé digne du titre de député précisément parce qu'on a montré assez de lumières, de capacité ou de courage pour parvenir à un rang élevé dans la magistrature, l'administration ou l'armée? Et d'un autre côté, n'est-ce pas violer aussi le droit des électeurs et attenter à la liberté de leurs suffrages, que de vouloir les forcer de choisir dans une classe plutôt que dans une autre? Ne serait-ce pas, sous le prétexte du bien public, créer une sorte d'aristocratie et reconstituer un privilége en faveur de cer-

taines classes aux dépens de celles qu'on veut éli-
miner?

Sans doute il y a eu quelques avancements trop
rapides, mais ce ne sont là que des exceptions qui
ne peuvent nuire au principe. D'ailleurs, nous le de-
mandons encore, n'y a-t-il que des fonctionnaires
qui puissent tirer avantage de leur position de députés, et n'a-t-il pas suffi de signaler les exceptions
dont nous venons de parler pour que l'exemple ne
s'en soit pas reproduit? Nous ajouterons même que
nous sommes étonnés qu'on ait pu discuter ces
questions avec autant de chaleur, car ce ne sont au
fond que des questions secondaires, et ce qui importe, c'est le bien général, c'est que la France soit
toujours heureuse et respectée. Or, nous le disons
encore, s'il est prouvé que depuis six ans nous
n'avons rien perdu de notre liberté, ni la France de
sa grandeur; s'il est prouvé, au contraire, que, loin
de déchoir, la prospérité publique n'a fait que s'accroître, nous ne savons pas en quoi la présence des
fonctionnaires à la Chambre pourrait être consi-
dérée comme un malheur.

Jouissant d'une position indépendante, acquise
dans les affaires, et n'ayant jamais occupé de fonctions publiques, nous ne craignons pas qu'on nous
accuse de défendre une cause qui nous est person-
nelle; mais il nous a paru qu'on cherchait à égarer
l'esprit des électeurs, et c'est pour cela que nous

avons essayé, autant qu'il était en nous, de ramener la question sur son véritable terrain. En effet, il ne faut pas s'y tromper, lorsque l'opposition demande l'exclusion des fonctionnaires, c'est qu'elle espère qu'on enverra à leur place des hommes moins expérimentés et qu'il lui sera plus facile, par conséquent, de rallier à ses doctrines. Que demain, en lui accordant le principe, c'est-à-dire en écartant tous les fonctionnaires, on n'envoie à la Chambre que des hommes assez éclairés pour n'être pas séduits par elle, et assez fermes pour n'être pas intimidés par ses attaques, et on la verra demander encore autre chose que ce qu'elle demande aujourd'hui. Elle réclamait l'exclusion des fonctionnaires publics, elle demandera qu'on exclue la banque, l'industrie, les administrateurs des chemins defer, etc.

Il nous semble pour nous que ce qui importe aux intérêts du pays, c'est de n'admettre exclusivement ni de rejeter aucune classe, c'est d'agir conformément au principe proclamé par la Charte; c'est de s'inquiéter bien plus du caractère personnel, des lumières et des antécédents du candidat qui brigue nos suffrages que de la carrière qu'il a suivie, et de la classe à laquelle il appartient; il ne faut pas plus l'écarter uniquement parce qu'il est fonctionnaire, qu'il ne faut le choisir uniquement parce qu'il est revêtu de cette qualité.

S'il était vrai, d'ailleurs, que la présence des fonctionnaires à la Chambre fût nuisible aux intérêts du pays, le nombre des candidats qui se présentent dans chaque collége, et qui tend à s'accroître à mesure que nous nous formons aux mœurs constitutionnelles, et que les progrès des lumières et de l'instruction rendent plus de citoyens capables de remplir le mandat de député, ce nombre nous permet de fixer notre choix sur d'autres candidats que ceux qui appartiennent à l'administration. Il n'est donc pas besoin d'une mesure spéciale pour écarter les fonctionnaires de la Chambre; il n'y a qu'à les livrer au jugement du corps électoral, qui saura bien en délivrer le pays le jour où il sera démontré qu'ils ne doivent plus siéger au parlement.

Au reste, quelle que soit la qualité du député qui sera élu, magistrat ou militaire, avocat ou banquier, propriétaire ou manufacturier, cela importe peu, nous le répétons. Ce qui importe, c'est qu'il offre du côté des lumières et de l'indépendance du caractère des garanties qui répondent, non-seulement de l'utilité de son concours à la Chambre, mais de sa probité politique; c'est surtout qu'on soit bien assuré qu'il ne se laissera pas séduire par les maximes de l'opposition, et qu'en aucun cas il ne sera capable d'abandonner les principes qu'il était appelé à défendre, et au nom desquels il a été envoyé à la Chambre : voilà le candidat que les électeurs doivent choisir, et nous croyons qu'en le nommant ils auront bien mérité du pays.

L. C.

Avocat, propriétaire,
électeur du 10e arrondissement.

www.ingramcontent.com/pod-product-compliance
Lightning Source LLC
LaVergne TN
LVHW010255030726
842520LV00007B/2945